# ¿Quién fue
# Steve Jobs?

# ¿Quién fue
# Steve Jobs?

por Pam Pollack y Meg Belviso
ilustrado por John O'Brien
traducido del inglés por Angelina García

Grosset & Dunlap
An Imprint of Penguin Random House

Para Reo y Hiro, cuya luz illumina mi vida—PDP
Para Olivia y Melissa, iSobrinas increíbles—MB
Para Linda—JO

GROSSET & DUNLAP
Penguin Young Readers Group
An Imprint of Penguin Random House LLC

The publisher does not have any control over and does not assume any responsibility
for author or third-party websites or their content.

Spanish translation by Angelina García.

The Library of Congress has cataloged the original English edition under the following
Control Number: 2011049209
ISBN 978-0-448-46266-0                                    10 9 8 7 6 5 4 3

# Contenido

# ¿Quién fue
# Steve Jobs?

Steve Jobs siempre amó las máquinas. Su padre reparaba máquinas para ganarse la vida. Cuando era niño, a Steve le encantaba ver a su padre construir y arreglar cosas. Cuando Steve creció,

creó una empresa que fabricaba máquinas. No cualquier máquina, sino una máquina que Steve estaba seguro que pronto se convertiría en parte de la vida diaria, al igual que los automóviles y los televisores. ¿Cuál era esa máquina?

Una computadora personal.

Hoy, millones de personas tienen computadoras personales. Pero en los años setenta nadie tenía.

La primera computadora moderna se dio a conocer en 1938. ¡Era tan grande como una habitación! Cuando Steve era niño, las computadoras eran todavía demasiado grandes y complicadas para ser usadas por una persona

cualquiera. El gobierno las utilizaba para recopilar información. Steve iba a cambiar eso.

Steve y su amigo Steve Wozniak fundaron Apple Computers en el garaje de la casa de la familia Jobs. Su computadora, la Apple II, fue el éxito de una feria de computadoras de la costa oeste en el año 1977.

¿Por qué?

Se veía divertida de usar.

En 1979, Steve visitó el centro de investigación de la compañía de tecnología Xerox. Se encontraba en Palo Alto, California. Steve recorrió el lugar, mirando las nuevas computadoras en las que estaban trabajando los ingenieros.

—¿Qué es eso? —le preguntó a un hombre. Señaló un pequeño aparato junto a una computadora. Cuando el ingeniero movió el aparato con la mano, una flecha en la pantalla de la computadora se movió también.

—Esta es una interfaz gráfica de usuario de *point-and-click* —explicó el hombre. Ese sí que era un nombre complicado para un aparato que hacía algo muy simple y muy sorprendente. Cada vez que el hombre movía el puntero a una imagen en la pantalla y hacía clic, se abría un programa en la computadora.

Steve se quedó mirando el pequeño aparato.

En 1979, las computadoras operaban pulsando teclas en un teclado. Para hacer funcionar la computadora, tenías que saber cuáles eran las teclas correctas que había que pulsar. Este pequeño aparato hacía que fuera mucho más fácil usar la computadora. Steve no lo podía creer. Se imaginó tener algo similar para sus computadoras.

—¿Cuándo lo van a vender?—le preguntó al ingeniero.

—No lo haremos—dijo—. Es divertido, pero no hay mercado para él.

Steve Jobs pensaba diferente. Mientras miraba el pequeño aparato, podía ver el futuro desplegándose delante de él. Miles de millones de personas apuntando y haciendo clic en sus computadoras personales. Tendría que mejorar el aparato. Lo haría mejor. Y no lo llamaría interfaz gráfica de usuario de *point-and-click* (que quiere decir "apuntar y hacer clic" en inglés). Él lo llamaría por su nombre más amigable: el *mouse* ("ratón" en inglés).

Ese día, Steve supo que el mundo iba a cambiar. Y él, Steve Jobs, iba a hacer que sucediera.

# LAS PRIMERAS COMPUTADORAS

EN LA MEDIDA QUE LA TECNOLOGÍA ELECTRÓNICA
Y LAS COMPUTADORAS AVANZAN, SE HACEN CADA VEZ
MÁS PEQUEÑAS. UNA COMPUTADORA QUE HOY EN DÍA
SOSTIENES EN LA MANO PUEDE HACER MÁS QUE UNA
COMPUTADORA DE ESCRITORIO DE HACE DIEZ AÑOS.

LA PRIMERA COMPUTADORA COMERCIAL PRODUCIDA EN LOS ESTADOS UNIDOS FUE LA UNIVERSAL AUTOMATIC COMPUTER—O UNIVAC—EN 1951. PESABA 29.000 LIBRAS Y OCUPABA MÁS DE 35,5 YARDAS CUADRADAS DE SUPERFICIE. SIN EMBARGO, REALIZABA SÓLO 1.905 OPERACIONES POR SEGUNDO. HOY EN DÍA, UN IPAD PUEDEN REALIZAR 1,65 BILLONES DE OPERACIONES EN ESE MISMO SEGUNDO.

# Capítulo 1
# Creciendo en el valle

En 1954, Joanne Schieble era una estudiante de posgrado en la Universidad de Wisconsin. Ella se enamoró de un ayudante de cátedra. Él era de Siria. Su nombre era Abdulfattah Jandali. Eran jóvenes y no tenían dinero. Así que cuando Joanne supo que iba a tener un bebé, decidieron darlo en adopción.

Paul y Clara Jobs deseaban mucho tener un hijo. Adoptaron al bebé de la pareja y lo llamaron Steven Paul Jobs. Nació el 24 de febrero de 1955. Tres años después de que nació Steve, los Jobs

adoptaron a una niña, Patty. A Steve
le gustaba su hermana pequeña.
Pero no tenían mucho en común.
La familia vivía en Mountain View,
California. Era una zona hermosa,
llena de árboles frutales. La gente lo llamaba el
Valle de las Delicias del Corazón. Sin embargo,
Mountain View estaba cambiando. Nuevas
empresas estaban llegando a la zona. Las empresas
estaban intentando desarrollar nuevos equipos
electrónicos. Eventualmente, el área se hizo
conocida por otro nombre: Silicon Valley.

# SILICON VALLEY

SILICON VALLEY (VALLE DE SILICIO) RECIBIÓ
SU NOMBRE DE LOS PERIÓDICOS QUE INFORMABAN
SOBRE LA NUEVA INDUSTRIA QUE SURGÍA EN EL NORTE
DE CALIFORNIA. ESTA NUEVA INDUSTRIA HACÍA CHIPS
SEMICONDUCTORES. ESTOS CHIPS PODÍAN CANALIZAR
LA ELECTRICIDAD. ESO LOS HIZO MUY IMPORTANTES
PARA LAS COMPUTADORAS Y OTROS DISPOSITIVOS
ELECTRÓNICOS. UTILIZABAN SILICIO, UNA ARENA MUY
FINA, COMO MATERIA PRIMA PARA HACERLOS.

A Steve le encantaba ayudar a su padre a trabajar en automóviles. Paul incluso le hizo su propio pequeño banco de trabajo cuando Steve tenía cinco

años. Le enseñó cómo usar un martillo y una sierra. Paul era un genio mecánico y le pasó su amor por los aparatos a su hijo. Un vecino le dio a Steve su primer kit eléctrico Heath (*Heathkit*)— Steve hizo transistores de radio con él.

En 1968, cuando tenía trece años, Steve descubrió que a uno de sus kits le faltaba una parte. El kit había sido fabricado por Hewlett-Packard, una empresa grande del valle que desarrollaba y fabricaba partes para computadoras. Steve tomó una guía telefónica y buscó el número de Bill Hewlett. Él era uno de los fundadores de la empresa. Steve lo llamó para quejarse. Para cuando colgó el teléfono, Hewlett le había ofrecido un

trabajo de verano a Steve y le había prometido una
bolsa llena de piezas de maquinaria. ¿Cuál fue la
respuesta de Steve?

¡Sí, por supuesto!

Steve también se unió al Club de Exploradores
de Hewlett-Packard. Ofrecía charlas a niños
interesados en la electrónica. En una de las charlas,
Steve vio una computadora por primera vez.

En la escuela, Steve se juntaba con otros chicos
que amaban la electrónica. También tenía una

novia, Chrisann Brennan.
A través de los chicos de
su club de computación,
Steve conoció a Steve
Wozniak, quien era varios
años mayor que él. "Woz"
tenía un talento increíble
para hacer cosas. Iba a
una universidad local y

STEVE WOZNIAK

diseñaba computadoras como pasatiempo.

Cuando Steve se graduó de la escuela
secundaria en 1972, ingresó a Reed College en
Oregon. Sólo había un problema: Steve no podía
pagar la universidad. Así que Steve se fue a ver al
decano de Reed. Le preguntó si podía vivir en los
dormitorios y asistir a clases de forma gratuita.
Steve no obtendría un título, pero podría aprender
sobre temas que le interesaban.

¿Por qué el decano estaría de acuerdo con eso?

Al igual que Bill Hewlett en Hewlett-Packard,

el decano quedó impresionado con Steve. Le dijo que sí. En una semana, Steve ya estaba asistiendo a clases. Estudió religiones orientales y caligrafía, que es el arte de la escritura fina. No era una vida fácil. Steve dormía en el suelo de las habitaciones de sus amigos. Recogía botellas de Coca Cola para ganar algo de dinero. Y dependía de organizaciones benéficas locales para alimentarse.

Steve se quedó en Reed dieciocho meses. Estaba harto de la vida universitaria. Quería ir a la India. Para conseguir dinero para el viaje tomó un trabajo en Atari. Hizo algunos de los primeros juegos de computadora. Su amigo Woz ya estaba trabajando allí. Para cuando llegó el verano, Steve ya había ahorrado lo suficiente para ir a la India. Después del viaje, volvió a Atari.

Las computadoras personales en 1976—si acaso las podías ver—parecían cabinas de avión llenas de interruptores y luces. Woz había creado una tarjeta de circuito para un computadora personal de fácil uso. Una persona escribiría un comando, explicó Woz a Steve, y la computadora ejecutaría esa orden en una pantalla de televisión frente a la persona.

Woz pensó que era un proyecto ingenioso. Steve pensó que podía ser más que eso. Pensó que debían dejar Atari y crear una empresa totalmente nueva.

# PONG

UNO DE LOS PRIMEROS VIDEOJUEGOS DE ATARI FUE PONG. PONG TENÍA UNA PANTALLA DEL TAMAÑO DE UN TELEVISOR QUE ESTABA DENTRO DE ALGO DEL TAMAÑO DE UNA CASETA TELEFÓNICA JUGAR PONG ERA COMO JUGAR PING-PONG ELECTRÓNICO. PARA ESTÁNDARES MODERNOS, NO ERA MUY EMOCIONANTE. PERO PARA LA GENTE EN 1972, ¡FUE DE VANGUARDIA! AL PULSAR LOS BOTONES, DOS JUGADORES GOLPEABAN UNA PELOTA DE UN LADO A OTRO DE LA PANTALLA. EL ÉXITO DE PONG INSPIRÓ OTROS VIDEOJUEGOS QUE SE HICIERON CADA VEZ MÁS SOFISTICADOS, LO QUE DERIVÓ EN LOS JUEGOS QUE TENEMOS HOY EN DÍA.

# Capítulo 2
# El nacimiento de Apple

Apple Computers comenzó a operar oficialmente el 1 de abril de 1976. Steve estaba viviendo con su novia, Chrisann Brennan, quien era un artista. La "oficina" de la nueva empresa era el garaje de los padres de Steve. Todo el trabajo se realizaba allí. Planeaban vender las tarjetas 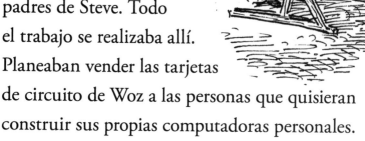 de circuito de Woz a las personas que quisieran construir sus propias computadoras personales.

Construyeron una computadora de muestra
con la tarjeta de circuito de Woz para mostrar
cómo funcionaba. Llamaron a la computadora
Apple (que quiere decir "manzana" en inglés).

¿Por qué escogieron ese nombre?

Pues bien, Steve comía un montón de fruta, a veces nada más que fruta. Pensaba que la manzana era la mejor fruta de todas. Era perfecta, tal como él quería que fuera su computadora.

Le mostraron la computadora con la tarjeta de circuito de Woz al dueño de una tienda de electrónica local. Él dijo:

—No veo cómo puedo vender sólo las tarjetas de circuito. No hay mucha gente que sepa cómo armar una computadora completa. Pero si ustedes me venden computadoras como ésta, creo que la gente las compraría.

El dueño de la tienda le ofreció a Steve veinticinco mil dólares por cincuenta computadoras Apple. Pagaría en efectivo cuando tuviera las máquinas.

—De acuerdo—dijo Steve, a pesar de que fabricar tantas computadoras costaría mucho dinero; dinero que no tenían.

Pero a Steve se le ocurrió una idea. Fue a una tienda de artículos electrónicos. Convenció a la tienda de que le diera las partes para hacer las computadoras. Steve no podía pagar las partes en ese momento, pero se comprometió a pagarle más tarde.

Steve era muy bueno persuadiendo a la gente para hacer lo que les pedía. La tienda dijo que sí.

Fabricar cada computadora Apple costó doscientos veinte dólares. Cada computadora Apple fue vendida a la tienda de electrónica en quinientos dólares. Así que incluso después de que Steve y Woz le devolvieron el dinero a la tienda de artículos electrónicos, hicieron una ganancia muy grande.

La mayoría de la gente de hoy, si vieran aquella computadora Apple se sorprendería. No venía con teclado, monitor, o caja. Steve y Woz sabían que podían hacerlo mejor. ¿Qué pasaría si hacían una computadora que viniera con todo, de modo que una persona pudiera sacarla de la caja y usarla de inmediato? Steve apostó a que podrían vender mucho. Él y Woz se pusieron a trabajar en la fabricación de esa computadora: la Apple II.

Woz y Steve tenían grandes sueños para la
Apple II. Woz quería que tuviera color, sonido
y gráficas claras y nítidas.
Steve quería que aceptara
discos que pudieran
almacenar información
adicional. Quería recubrir
la computadora en plástico

FLOPPY DISK

moldeado. En ese momento, el plástico era mucho
más caro que el metal o la madera. Pero Steve
pensó que el plástico se vería *cool* y moderno. Y el
aspecto físico de la computadora era importante. Si
se veía bien, la gente la querría.

Steve encontró un inversionista que les dio
el dinero suficiente para terminar la Apple II a
tiempo para una feria de computadoras en San
Francisco. Llevaron modelos para mostrar en la
feria. Había muchas cosas nuevas y diferentes en
la Apple II. Mientras Woz trabajaba en el equipo,
Steve contrató a un diseñador para que creara

un nuevo logotipo. Un "logotipo" o "logo" es
una imagen que representa a una empresa. Un
buen logo ayuda a la gente a recordar la empresa.
Por ejemplo, el logo de General Electric es una
ampolleta. Steve quería que una imagen de una
manzana representara a Apple. El logo de Apple
de la manzana era muy divertido, estaba pintado
con un arco iris de colores y tenía una mordida.

Su duro trabajo valió la pena. Las personas
que visitaron la Feria de Computadoras de la

Costa Oeste en 1977 pasaron varios muestras de voluminosas computadoras que parecían proyectos escolares de ciencia. Entonces vieron la Apple II. Ahí estaba una computadora que tenía color, gráficas claras y sonido. Durante los años siguientes, casi todas las empresas de computadoras la copiarían.

Todas las mejoras tecnológicas fueron obra de Steve Wozniak. Pero las ideas de diseño de Steve Jobs fueron igualmente importantes. Él había aprendido de su padre en insistir en la perfección. Incluso los cables dentro de la computadora, cables que nadie podía ver, tenían que estar perfectamente organizados. Esa era la forma en que el papá de Steve construía máquinas y así lo haría también Steve. Todo tenía que verse simple y hermoso.

# Capítulo 3
## Arriba, abajo y fuera

En 1978, Apple estaba haciendo dinero. La empresa creció rápidamente. Steve quería que todos los productos de Apple funcionaran sin problemas. Pero trabajar con Steve no era fácil. Pequeños errores lo hacían enojar. A veces Steve le gritaba a sus empleados; incluso los hacía llorar. Y cuando no conseguía lo que quería, a menudo él mismo se echaba a llorar. Los empleados trataban de complacer a Steve. Pero muchas veces Steve no podía explicar lo que quería. Simplemente decía: "Lo sabré cuando lo vea".

En 1979, Apple comenzó a fabricar una nueva computadora que utilizaba un *mouse*. La compañía contrató a miles de empleados. Steve trabajaba muchas horas y esperaba que sus empleados trabajaran duro también. Era tan devoto de Apple que no tenía tiempo para nada más. Su novia, Chrisann, tuvo una hija, Lisa, el 17 de mayo de 1978. Steve no quiso tener nada que ver con su bebé. No tenía ningún interés en tener una familia.

En 1980, Steve Jobs se convirtió en la persona más joven de la historia en aparecer en la lista de los mejores empresarios estadounidenses de la revista *Fortune*. Tenía veinticinco años de edad y era millonario.

Luego, en 1981, sucedió algo terrible. El avión privado de Woz se estrelló. Woz tomó meses en recuperarse. Nunca volvió a trabajar a tiempo completo para Apple.

# STEVE WOZNIAK

AL IGUAL QUE STEVE JOBS, STEVE WOZNIAK CRECIÓ EN LO QUE SE CONVERTIRÍA EN SILICON VALLEY. WOZ NACIÓ EL 11 DE AGOSTO DE 1950. SU PADRE TRABAJABA COMO INGENIERO EN LOCKHEED MARTIN, UNA EMPRESA QUE FABRICABA MISILES Y SATÉLITES. INCLUSO DESDE NIÑO, WOZ TENÍA TALENTO

STEVE WOZNIAK

PARA LA CONSTRUCCIÓN Y EL DISEÑO DE ARTÍCULOS ELECTRÓNICOS. EN LA SECUNDARIA, ÉL Y SU PADRE CONSTRUYERON UN JUEGO DE GATO ELECTRÓNICO PARA UNA FERIA DE CIENCIAS. EN APPLE, STEVE WOZNIAK CREABA DISPOSITIVOS ELECTRÓNICOS QUE TRABAJAN DE NOVEDOSAS Y MEJORES MANERAS. PERO ÉL TENÍA POCO INTERÉS EN HACER DINERO. FUE SU AMIGO STEVE JOBS QUIEN DESCUBRIÓ LA FORMA DE COMERCIALIZAR COMPUTADORAS Y HACERLAS MÁS ATRACTIVAS PARA LA PERSONA PROMEDIO. A PESAR DE QUE NO SIGUIERON SIENDO AMIGOS CERCANOS, WOZNIAK Y STEVE JOBS SIEMPRE SE MANTUVIERON EN

CONTACTO. CASADO CUATRO VECES Y CON TRES HIJOS, WOZ TODAVÍA VIVE EN CALIFORNIA EN LA CIUDAD DE LOS GATOS.

Fue un gran cambio para Steve. Él y Woz habían trabajado muy de cerca. Trabajar con otros ingenieros no fue ni remotamente similar. Steve no estaba contento con la próxima computadora de la empresa. Era demasiado grande y demasiado cara. Nadie querría pagar $10.000 dólares por una computadora. Steve ya había puesto su mirada en una nueva

idea: una computadora llamada Macintosh. Una Macintosh es un tipo de manzana. La Macintosh iba a cambiar el mundo. Steve estaba seguro de eso. Él mismo eligió cuidadosamente al equipo de ingenieros para construirla. Trabajaban en un edificio aparte. Una bandera pirata flameaba en la parte superior. "Es mejor ser pirata que

unirse a la marina", dijo. Con esto se refería a que a veces es bueno romper las reglas y pensar de manera diferente.

Steve rompió todo tipo de reglas. No le gustaba usar zapatos. Lo único que comía era fruta. Pensó que su dieta le hacía tan limpio que no necesita bañarse a menudo. A un montón de gente no le gustaba trabajar con él porque olía mal.

Pero a pesar de sus forma de ser tan extraña, Steve podría convencer a la gente de hacer cosas que parecían imposibles. Un empleado de Apple le puso un nombre al poder de Steve. Lo llamó el "campo de distorsión de la realidad" (RDF, por sus siglas en inglés). El RDF de Steve hacía que la gente creyera que cualquier cosa que Steve quisiera era posible si se trabajaba lo suficientemente duro.

Una cosa que Steve realmente quería era contratar a un buen hombre de negocios para

Apple. Pensó que la mejor persona era John Sculley. Sculley era el jefe de la Pepsi-Cola Company. No estaba seguro si debía irse a Apple. Así que Steve le preguntó:

—¿Quieres vender agua azucarada el resto de tu vida, o quieres venir conmigo y cambiar el mundo?

¡Así funcionaba el RDF de Steve! Al igual que muchos antes que él, Sculley terminó haciendo lo que Steve quería. Se fue a trabajar a Apple.

En 1984, Steve presentó la Macintosh al mundo. Fue la computadora "para el resto de nosotros", según los anuncios. Eso significaba que no era sólo para los científicos y los *nerds* tecnológicos súper inteligentes. Era fácil de usar y agradable a la vista. Incorporaba todo lo que Steve había aprendido sobre diseño elegante; incluso utilizaba los conocimientos de caligrafía que había aprendido en Reed. Steve quería que las letras fueran bellas cuando la gente escribiera en su computadora Mac. Pasó mucho tiempo eligiendo la cantidad de espacio que habría entre cada letra. La Mac ofrecía varias fuentes o estilos diferentes de escritura. Cada una tenía las letras ligeramente diferentes. Esto hizo que escribir en la Mac fuera divertido.

La Macintosh estaba lejos de ser perfecta. No tenía mucha memoria y no había forma de añadirle más. Un hombre en Apple lo llamó "un Honda con un tanque de gasolina de un galón".

Sin embargo, en palabras de Steve, la computadora Macintosh era "increíblemente grandiosa".

El primer comercial de Macintosh se mostró durante el Super Bowl en 1984. Al final del juego, todo el mundo quería saber más sobre la Mac.

La Mac se vendió increíblemente bien... por un corto tiempo.

¿Por qué no fue un éxito enorme?

La gente no estaba tan interesada en comprar computadoras personales como Steve había esperado. Y no toda la gente que quería comprar una computadora para el hogar compró una computadora Apple. Muchos compraron computadoras de IBM o de Microsoft.

John Sculley no estaba feliz en Apple. Para él, las decepcionantes ventas de la Macintosh eran prueba de que las ideas de Steve estaban equivocadas. La gente normal nunca necesitaría o desearía computadoras para el hogar. Si Apple iba a sobrevivir, dijo Sculley, debería fabricar

# COMERCIAL DEL SUPER BOWL

1984 FUE EL AÑO EN QUE SE PRESENTÓ LA COMPUTADORA MACINTOSH. *1984* ES TAMBIÉN EL TÍTULO DE UNA NOVELA DE GEORGE ORWELL. LA NOVELA TIENE LUGAR EN UN MUNDO DONDE EL "GRAN HERMANO" CASTIGA A CUALQUIERA QUE SE SALE DE LA LÍNEA. EL PRIMER COMERCIAL DE LA APPLE MACINTOSH MOSTRÓ UN MUNDO SIMILAR. TODO EL MUNDO VESTÍA ROPAS GRISES Y SEGUÍA LAS ÓRDENES DE UN PERSONAJE SIMILAR AL "GRAN HERMANO" EN UNA PANTALLA DE TELEVISIÓN GIGANTE—HASTA QUE UNA MUJER ENTRA CORRIENDO, VESTIDA DE COLORES BRILLANTES Y REPRESENTANDO A APPLE, LANZA UN MARTILLO AL AIRE Y ROMPE ESTRUENDOSAMENTE LA PANTALLA DE LA MISMA FORMA EN QUE STEVE JOBS ESPERABA QUE LA MACINTOSH SE CONVIRTIERA EN UN ÉXITO ESTRUENDOSO EN LA INDUSTRIA DE LA COMPUTACIÓN. EL COMERCIAL FUE DIRIGIDO POR RIDLEY SCOTT, EL DIRECTOR DE EXITOSAS PELÍCULAS DE CIENCIA FICCIÓN COMO *ALIEN* Y *BLADE RUNNER*. EN 2004, APPLE RETRANSMITIÓ EL ANUNCIO. SÓLO QUE ESTA VEZ LA CORREDORA ESCUCHABA UN IPOD.

computadoras para las empresas. Debían hacer computadoras Apple que trabajaran con productos fabricados por otras empresas de computación.

Steve odiaba esa idea. Quería que los clientes usaran productos Apple en las computadoras Apple. No quería que otros programas estuvieran ni cerca de la Macintosh.

A Steve no le gustó que otra persona le dijera lo que tenía que hacer. Había contratado a Sculley con la esperanza de que le enseñara cómo dirigir una empresa grande. Después de eso, Steve esperaba que Sculley le entregara las riendas de nuevo a él. En vez, Sculley quiso hacer más cambios.

Toda gran empresa tiene un grupo de personas externas que asesoran a la empresa. Este tipo de grupo se llama una junta. La junta de una empresa también puede contratar y despedir al jefe de la empresa. Steve intentó que la junta de Apple despidiera a Sculley. Eso no sucedió. En cambio, ¡la junta reemplazó a Steve como jefe de la Macintosh!

Era mayo de 1985. Steve Jobs perdió todo el
poder que tenía en Apple. Fue trasladado a una
nueva oficina al otro lado de la calle de donde
estaban la mayoría de los edificios de Apple. Rara
vez veía a otros empleados. Steve apodó su nueva
oficina "Siberia", que es una región muy remota en
Rusia. Era tan infeliz que empezó a pasar menos
tiempo en el trabajo. En septiembre de ese año,
Steve dejó Apple.

¿Qué haría Steve Jobs a continuación?

## Capítulo 4
## ¿Qué sigue?

En 1985, las familias estaban empezando
a comprar computadoras para sus hogares.
Los estudiantes universitarios trabajaban
habitualmente en computadoras para realizar sus
trabajos. Steve Jobs no había terminado con el
negocio de las computadoras. Quería mostrarle
a la gente de Apple que estaban equivocados
acerca de él. Comenzó una nueva empresa. La
llamó NeXT ("siguiente" en inglés), porque iba
a ser el siguiente paso en computadoras. Tenía
la esperanza de vender sus nuevas
computadoras a las universidades
de todo el país. Los estudiantes y
profesores trabajarían con ellas.

Pero el plan de Steve para hacer

la computadora perfecta era costoso. Contrató a un famoso diseñador para crear un logo para su nueva compañía. ¡El logo costó cien mil dólares! NeXT perdió diez millones de dólares en tres años. Steve puso cada vez más de su propio dinero en la empresa. Pero nadie estaba comprando las computadoras que hacía. Eran demasiado caras. Las universidades no podían pagar computadoras que costaban $6.500 dólares.

Nada en NeXT iba por el camino que Steve esperaba. Pero siguió luchando. Trató de dirigir la empresa de una manera diferente de lo que hizo en Apple. Llamó a los empleados "miembros" de la "comunidad" NeXT. Le pagó a la gente de acuerdo al tiempo que llevaba trabajando en NeXT. Frecuentemente dio aumentos. Steve podía ser generoso, pero seguía siendo el mismo jefe exigente que siempre había sido.

La vida de la familia de Steve estaba cambiando. En 1986, la madre de Steve murió. Aunque Steve

consideraba a los Jobs sus verdaderos padres, le interesaba saber sobre la pareja que lo había traído al mundo.

En el certificado de nacimiento de Steve aparecía el nombre de un médico. A través de ese médico se enteró de que el nombre de soltera de su madre biológica era Joanne Schieble. Se había casado con su padre, Abdulfattah, en 1956 y tenían una hija, Mona. No estuvieron casados por mucho tiempo. Joanne se casó luego con

un hombre de apellido Simpson. Su hija llevaba el nombre de Mona Simpson. Steve se reunió con su madre y su nueva hermana.

Mona era escritora. A pesar de
que Steve y Mona no habían
crecido juntos, se hicieron muy
cercanos. Mona también
alentó a Steve para que
fuera parte de la vida de su
hija Lisa. En ese entonces
Lisa tenía siete años.

Steve había tenido
muchas novias desde
Chrisann Brennan. Una

LISA BRENNAN-JOBS

de ellas era la famosa cantante de folk, Joan Baez.
Salir con Joan Baez fue especialmente emocionante
para Steve, porque ella había sido la novia de uno
de sus cantantes favoritos, Bob Dylan.

Pero Steve tenía treinta y cinco años y nunca
había llegado a estar siquiera cerca de casarse.

Luego, en 1990, Steve dio una charla en la
Universidad de Stanford. En la audiencia estaba
Laurene Powell. Laurene era estudiante del

postgrado de negocios. Laurene era tan bonita
que Steve la notó enseguida. Después de la charla,
los dos se pusieron a hablar. Al igual que Steve,
Laurene no comía carne y era muy inteligente.
Intercambiaron sus números de teléfono.

Steve salió al estacionamiento a buscar su auto. Tenía una reunión de negocios esa noche. Pero cuando se estaba metiendo en su auto, pensó para sí: "Si este fuera mi último día en la tierra, preferiría pasarlo en una reunión de negocios o con esta mujer?".

Corrió por el estacionamiento y encontró a
Laurene. Cenaron juntos. Un año después, se
casaron en el Parque Nacional Yosemite.

# MONA SIMPSON

MONA SIMPSON ES UNA ESCRITORA MUY CONOCIDA. ELLA CONOCIÓ A SU HERMANO, STEVE, MIENTRAS ESTABA TRABAJANDO EN SU PRIMER LIBRO *ANYWHERE BUT HERE*. EL LIBRO GANÓ UN PREMIO OTORGADO A NUEVOS ESCRITORES. MÁS TARDE SE HIZO UNA PELÍCULA PROTAGONIZADA POR SUSAN SARANDON Y NATALIE PORTMAN. MONA DEDICÓ EL LIBRO A SU "MADRE Y SU HERMANO STEVE". OTRO LIBRO SE LLAMÓ *A REGULAR GUY*. STEVE PENSÓ QUE EL PERSONAJE PRINCIPAL SE PARECÍA DEMASIADO A ÉL. PERO STEVE Y MONA SE MANTUVIERON CERCANOS HASTA EL FINAL DE SU VIDA.

El primer hijo de Steve y Laurene, Reed Paul Jobs, nació en septiembre de 1991. Fue nombrado así en honor a Reed College.

Las cosas todavía no iban bien en NeXT. Pero Steve estaba descubriendo que la vida era más que sólo negocios. Su padre, la persona más cercana a él, murió en 1993. Steve había amado el tiempo que había pasado trabajando en automóviles con su padre. Quería que sus hijos tuvieran buenos recuerdos de él también. Su hija, Lisa, ahora adolescente, se fue a vivir con él por primera vez. Incluso si nunca volviera a ser exitoso, Steve pensó, tendría una vida familiar feliz.

# EL OTRO PADRE DE STEVE JOBS

CUANDO STEVE JOBS FUE EN BUSCA DE SU MADRE BIOLÓGICA, DECIDIÓ QUE NO QUERÍA CONOCER A SU PADRE. PERO, DE HECHO, ¡YA LO HABÍA CONOCIDO! ABDULFATTAH JANDALI TENÍA UN RESTAURANTE EN SILICON VALLEY. STEVE HABÍA COMIDO AHÍ VARIAS VECES. CONOCIÓ A ABDULFATTAH. PERO NINGUNO DE LOS DOS SABÍA QUE ESTABAN EMPARENTADOS.

MÁS TARDE, MONA SIMPSON SE REUNIÓ CON SU PADRE DESPUÉS DE MUCHOS AÑOS DE NO VERLO. HABLÓ DE SU ANTIGUO RESTAURANTE. LE DIJO A MONA QUE FUE EL MEJOR EN TODO SILICON VALLEY. "TODO EL MUNDO SOLÍA COMER AHÍ", DIJO. "¡INCLUSO STEVE JOBS! ¡DEJABA GRANDES PROPINAS!". ¡FUE MONA QUIEN LE DIJO A ABDULFATTAH QUE STEVE ERA SU HIJO! NUNCA VIO A STEVE DE NUEVO, PERO ESTABA ORGULLOSO DE HABER SERVIDO AL FUNDADOR DE APPLE.

# Capítulo 5
# Al infinito y más allá

Steve Jobs admiraba a cualquiera que hiciera algo nuevo y diferente. Era un gran fan de George Lucas, el director de *La guerra de las galaxias*. En 1980, Steve alquiló un teatro por una noche para que todos en Apple pudieran ver juntos *El imperio contraataca*.

En 1986, Steve finalmente
pudo trabajar con Lucas.
Se convirtió en propietario
en la empresa de gráfica
computacional de Lucas.
Steve le puso a la compañía el
nombre de Pixar.

GEORGE LUCAS

La empresa de Lucas
había creado un nuevo tipo de animación
usando computadoras. Steve esperaba vender este
programa a los animadores. Pero era demasiado
caro. Los artistas no creían necesitarlo. Pixar
estaba perdiendo mucho dinero. De hecho, Steve
puso más de $50 millones de dólares de su propio
dinero para mantener la empresa en marcha. Se
pagó sólo $50 dólares al año como salario.

En 1991, Steve despidió a la mayoría del
personal de Pixar. Una persona que no despidió
fue John Lasseter. Lasseter había hecho una serie
de cortometrajes animados por computadora. Las

películas eran la mejor manera de mostrar a los clientes lo que se podía hacer con el programa. Los cortometrajes de Lasseter eran buenos; uno de ellos, *Tin Toy*, ganó un Oscar por Mejor Cortometraje de Animación en 1989.

A pesar del Oscar, Pixar fue un fracaso, un gran fracaso. NeXT y Pixar fueron vistos como una prueba de que Steve no era más que un vendedor ingenioso pero sin sustancia. Incluso su éxito temprano con la Apple II fue considerado un golpe de suerte. La gente pensaba que Woz era el genio. No Steve.

En 1991, la compañía Walt Disney quería contratar a Lasseter. Pero él dijo que no. Y una vez más, a Steve se le ocurrió una de sus inusuales ofertas. Convenció a Disney de que le diera a Pixar suficiente dinero para hacer tres películas de animación completas. Toda la animación se haría en computadora. Esto nunca se había hecho antes. Quizás Disney cayó bajo la influencia del famoso "campo de distorsión de la realidad" de Steve. Para entonces, toda la gente de Pixar conocía el poder del RDF de Steve. Incluso tenían una señal para él. En las reuniones, cuando alguien estaba siendo absorbido por el RDF, la gente le tiraba las orejas.

El acuerdo con Disney no le dejaría mucho dinero a Pixar; si las películas eran un éxito, Disney obtendría la mayor parte de las ganancias. Pero le daba a Steve la oportunidad de hacer películas de Pixar.

Las películas animadas toman mucho tiempo para hacerse. Pixar comenzó a trabajar en su primer largometraje en 1991. Pero no se presentó hasta cuatro años después. Mientras tanto, Steve seguía vertiendo fondos en Pixar y NeXT. En 1993, Steve tuvo que despedir a la mayoría de los empleados de NeXT. Se sintió tan impotente y mal que dejó de ir a trabajar. Se pasaba los días en casa con Reed. Le encantaba estar con su niño pequeño que, decía, tenía la amabilidad de Laurene.

# Capítulo 6
## Regreso a Apple

Steve no lo sabía, pero estaba a punto de ser rescatado por un vaquero y un astronauta.

Inspirado en *Tin Toy*, el primer largometraje de Pixar se estrenó en 1995. Se llamaba *Toy Story*. Los personajes eran todos juguetes. Un muñeco vaquero y un astronauta de juguete eran las estrellas. *Toy Story* se convirtió en la película más popular del año. Pixar luego hizo una docena de exitosas películas, una tras otra.

# ANIMACIÓN POR CELDAS

*TOY STORY* FUE EL PRIMER LARGOMETRAJE TOTALMENTE ANIMADO POR COMPUTADORA. ANTES DE *TOY STORY*, LAS PELÍCULAS DE DIBUJOS ANIMADOS ERAN HECHAS CON ANIMACIÓN POR CELDAS. ESO SIGNIFICABA QUE CADA FOTOGRAMA DE LA PELÍCULA TENÍA QUE SER PINTADO A MANO EN UNA HOJA TRANSPARENTE (UNA "CELDA"). PARA QUE UN PERSONAJE MOVIERA UNA MANO DE ARRIBA A ABAJO SE NECESITABAN MUCHAS CELDAS. DURANTE AÑOS, LOS ANIMADORES USARON LAS COMPUTADORAS PARA

LOS ARTISTAS RECIBEN UN GUIÓN PARA DIBUJAR EN UN *STORY BOARD* QUE SE PARECE A UN CÓMIC.

LOS *STORY BOARDS* SE FILMAN Y LAS GRABACIONES SE UTILIZAN PARA PLANEAR EL FLUJO, RITMO Y DURACIÓN DE LA PELÍCULA.

AYUDARLES A ANIMAR MÁS RÁPIDO. PERO *TOY STORY* LES MOSTRÓ A LOS ANIMADORES QUE PODÍAN CREAR TODO EN UNA COMPUTADORA. LA ANIMACIÓN TRADICIONAL ERA DE DOS DIMENSIONES, COMO UNA PINTURA. LAS IMÁGENES GENERADAS POR COMPUTADORA (CGI) SE VEÍAN EN TRES DIMENSIONES, COMO SI LOS PERSONAJES FUERAN REALES Y ESTUVIERAN SIENDO FILMADOS POR UNA CÁMARA.

LOS ACTORES GRABAN LAS VOCES DE LOS PERSONAJES.

LOS ARTISTAS DISEÑAN A LOS PERSONAJES, LOS SETS Y ACCESORIOS. TAMBIÉN AÑADÍAN EL COLOR.

LOS DISEÑOS DE LOS PERSONAJES Y LOS SETS
SON MOLDEADOS Y TRANSFORMADOS EN MODELOS
TRIDIMENSIONALES QUE SON ESCANEADOS EN
LA COMPUTADORA.

CON UN SOFTWARE ESPECIAL QUE CREA MOVIMIENTO, LOS PERSONAJES SON COREOGRAFIADOS CON LAS VOCES, LA MÚSICA Y OTROS EFECTOS ESPECIALES PARA CREAR LA PELÍCULA.

En 1996, después de diez años de lucha, Steve Jobs fue un éxito, un gran éxito. Ya no era millonario. Era multimillonario.

Sin embargo, Apple, la compañía que había cofundado, estaba luchando por sobrevivir. Las computadoras Apple no había sido capaces de cambiar con los tiempos. Otras computadoras eran igual de buenas y más baratas. Las Apple eran lentas. No podían manejar nuevas funciones que se habían desarrollado para las computadoras durante la última década. John Sculley, quien

había obligado a Steve a salir de le empresa, había sido despedido en 1993. Ahora la junta de Apple quería a Steve de vuelta.

Para Steve, el poder hacer las cosas como él quería era más importante que tener una enorme cantidad de dinero. No estaba interesado en comprar cosas caras. La casa donde vivía con su familia no parecía la casa de un multimillonario.

Steve tenía sentimientos encontrados sobre si debía regresar a Apple. Tenía malos recuerdos de la forma en que había sido tratado. Ya era el jefe de Pixar, una compañía muy exitosa. Él y Laurene tenían una nueva hija, Erin Siena, nacida en 1995. ¿De verdad quería hacerse cargo de una compañía en apuros? Si hubiera sido cualquier otra empresa,

la respuesta habría sido que no. Sin embargo, Apple era su bebé. No podía sentarse y ver cómo moría.

Steve accedió a ser el jefe de Apple, pero sólo por un tiempo. Apple tenía que buscar a alguien más para convertirse en su sustituto permanente. Se dio a sí mismo un sueldo de $1 dólar al año.

De inmediato, Steve hizo grandes cambios. En Boston, en 1997, anunció ante un auditorio lleno de amantes de Mac, que Apple iba a hacer equipo con Microsoft.

¿Apple y Microsoft iban a trabajar juntos? ¡Esto era algo inaudito!

Sin embargo, Steve dijo que todas las computadoras Apple iban a utilizar el navegador web Explorer de Microsoft. Detrás de Steve en el escenario había una pantalla de televisión gigante. Cuando Bill Gates, el jefe de Microsoft, apareció en la pantalla, el público abucheó. Pero Steve

sabía que el contrato de $150 millones de dólares ayudaría a Apple. Estaba en lo cierto. El valor de la compañía aumentó.

Steve hizo otros cambios. Se deshizo de los productos que no se estaban vendiendo. Redujo costos. Despidió a tantas personas que los

empleados de Apple temían subir al ascensor con él. Tenían miedo de que ya no tendrían trabajo para cuando llegaran a su piso. Steve aún afirmaba que no era más que un director temporal. En 1997, le dijo a la revista *Time*, "Estoy aquí casi todos los días, pero sólo por los próximos meses. Eso lo tengo muy claro". Pero él estaba haciendo cambios para el futuro.

# BILL GATES

BILL GATES SE SINTIÓ FASCINADO POR LAS COMPUTADORAS MÁS O MENOS AL MISMO TIEMPO QUE STEVE JOBS. SE CRIÓ EN SEATTLE Y FUE A LA UNIVERSIDAD DE HARVARD, PERO NO SE GRADUÓ. EN 1974, FUNDÓ SU PROPIA COMPAÑÍA DE TECNOLOGÍA COMPUTACIONAL, MICROSOFT. EN 1980, MICROSOFT ESTABA HACIENDO SOFTWARE PARA LAS COMPUTADORAS DE IBM. IBM ERA EL PRINCIPAL COMPETIDOR DE APPLE. BILL Y STEVE SE CONOCÍAN. A VECES INCLUSO ERAN AMIGOS. PERO A MENUDO NO ESTABAN DE ACUERDO.

BILL GATES

EN 1985, MICROSOFT COMENZÓ A VENDER WINDOWS, UN SISTEMA OPERATIVO QUE FUNCIONABA EN MUCHAS MARCAS DIFERENTES DE COMPUTADORAS. AL IGUAL QUE APPLE, UTILIZABA UN *MOUSE* PARA HACER CLIC EN IMÁGENES Y TEXTO. STEVE ACUSÓ A BILL DE HABERLE ROBADO LA IDEA A APPLE. BILL RESPONDIÓ QUE AMBOS HABÍAN TOMADO LA IDEA DE XEROX. STEVE SIMPLEMENTE LA HABÍA ROBADO PRIMERO.

BILL SE RETIRÓ COMO JEFE DE MICROSOFT EN EL AÑO 2000. EVENTUALMENTE, EMPEZÓ A TRABAJAR A TIEMPO COMPLETO EN LA ORGANIZACIÓN BENÉFICA QUE MANEJABA CON SU ESPOSA. ES LA ORGANIZACIÓN BENÉFICA PRIVADA MÁS GRANDE DEL MUNDO. DA DINERO PARA EDUCACIÓN EN LOS ESTADOS UNIDOS. TRABAJA PARA ACABAR CON LA POBREZA Y EL HAMBRE. TAMBIÉN PROVEE SERVICIOS DE SALUD EN TODO EL MUNDO.

# Capítulo 7
# Piensa diferente

En 1997, en las ciudades de todos los Estados Unidos aparecieron una serie de carteles en edificios, autobuses y vallas publicitarias. Los carteles mostraban fotos de personajes famosos conocidos por haber hecho algo novedoso. Había un cartel de Alfred Hitchcock, el famoso director de cine. Otro cartel era de Lucille Ball y

Desi Arnaz, los creadores del programa de televisión *I Love Lucy*. Otro cartel mostraba a Jim Henson y la Rana René. En la esquina de cada cartel estaba el logotipo de Apple y dos palabras: "Think Different" (Piensa diferente).

La campaña publicitaria fue creada por Steve Jobs. Quería mostrar lo que Apple representaba: la creación de nuevas ideas, no "la misma cosa de siempre". Los carteles no anunciaban ningún producto en particular. Pero le decían al público que estuviera preparado porque algo interesante estaba pasando en Apple.

Lo que estaba ocurriendo era la iMac; la abreviatura de Internet Macintosh. Esta nueva

computadora personal era barata y fácil de usar.
En la década de los noventa, había un nuevo
pasatiempo; navegar en la web. Steve quería que la
gente navegara en las iMac. También quería que
las iMac tuvieran un aspecto diferente. La iMac
venía en una carcasa de plástico en cinco colores
brillantes, inspirada por la visita de Steve a una
fábrica de *jelly beans*: arándano, uva, limón, fresa
y mandarina.

En un año, la iMac se convirtió en la
computadora más vendida en el mundo. Ese
mismo año, Steve y Laurene tuvieron otra
hija, Eve. La hija mayor de Steve, Lisa, estaba
estudiando periodismo en la Universidad de
Harvard. Fue una época feliz en la vida de Steve.

Steve había planeado quedarse en Apple sólo durante unos meses. Pero en el año 2000, se convirtió en el jefe permanente de la empresa. Tenía demasiados grandes planes para salir de Apple en ese momento.

En mayo de 2001, Apple abrió sus primeras tiendas. De la misma forma en que las computadoras de Apple no se parecían a otras computadoras, las tiendas de Apple eran también muy diferentes. Hechas con mucho vidrio, parecían más obras de arte que tiendas.

APPLE TIENDA
QUINTA AVENIDA, NUEVA YORK

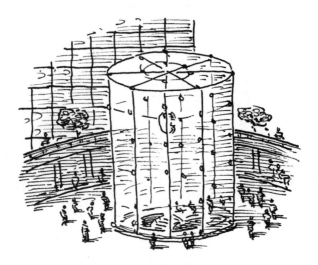

APPLE TIENDA
SHANGHAI

APPLE TIENDA
LINCOLN ROAD, MIAMI BEACH

Steve supervisó cada etapa del diseño desde las baldosas del suelo hasta las estanterías. Ningún detalle era demasiado pequeño para que lo revisara.

En el Genius Bar de la tienda la gente podía hacer preguntas acerca de los problemas que tenían con sus computadoras y obtener entrenamiento personal para usarlas.

Steve había puesto a Apple en la cima del mercado de computadoras personales. Tal como lo había predicho, la gente utilizaba sus computadoras para el trabajo y también por placer. Escuchar música era otra cosa la gente hacía por diversión. En la década de los noventa, la mayoría de la gente escuchaba música en discos compactos (CD). El CD era como un álbum de música. La gente compraba discos de sus grupos favoritos y los escuchaba en sus reproductores de CD. Eran del tamaño de un plato de mantequilla y sonaban mejor que los discos de vinilo.

Pero Steve empezó a pensar en algo aún mejor.

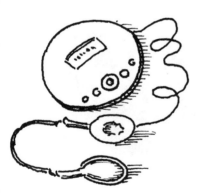

Compró un programa de software que permitía a la gente tomar sus canciones favoritas de un CD y ponerlas en la computadora como un archivo digital. Fue llamado

un archivo MP3. Una
vez que estaba en la
computadora, ya no
se necesitaba el CD.
Steve dio al programa el
nombre de iTunes. Con
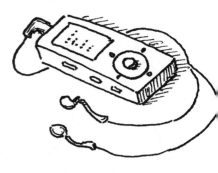
iTunes, una persona podía convertir su
computadora en un tocadiscos personal.

Otras empresas creaban reproductores de
MP3. Se trataba de máquinas portátiles que se
conectaban a parlantes o auriculares y tocaban los
archivos de música. No se necesitaba un CD o un
cassette. Steve Jobs decidió que Apple tenía que
hacer su propio reproductor.

En octubre de 2001, en una conferencia de
prensa en California, Steve buscó en su bolsillo.
Sacó un delgado aparato que era más pequeño que
una barra de chocolate Hershey. "Lo llamamos el
iPod", dijo. Al principio, el iPod sólo funcionaba
con las computadoras Mac. Pero en 2002 Steve

accedió a que funcionara con las computadoras que usaban Windows de Microsoft. Ahora que los usuarios de Windows también podían usar el iPod, sus ventas se dispararon.

Los consumidores amaron el iPod.

Las personas de la industria de la música no. La mayoría de la gente sacaba las canciones que escuchaban en sus iPods de CDs. El CD no tenía que ser de ellos. Por ejemplo, podían conseguir canciones de forma gratuita del CD de un amigo. Las canciones también se podían "compartir" a través de Internet.

Nadie en la industria de la música lograba encontrar la manera de hacer que la gente pagara por la música que podía obtener de forma gratuita ilegalmente.

Nadie, excepto Steve. Si la gente pudiera comprar música de manera fácil y a buen precio, pensó, no les importaría pagar.

Porque podía "pensar diferente", Steve abrió el

iTunes Music Store en 2003. No era una tienda normal, no estaba en un edificio. Era un programa que se descargaba en la computadora. Usando sus famosos poderes de persuasión, hizo un trato con muchas compañías discográficas para que vendieran sus canciones en iTunes a 99 centavos de dólar cada una.

En su primer día de apertura, la tienda iTunes vendió 275.000 canciones. Era tan fácil ordenar las canciones. No costaba mucho. Todo el mundo empezó a comprar música por Internet.

# STEVE JOBS Y LA MÚSICA

AUNQUE STEVE Y WOZ ERAN LOCOS POR LAS COMPUTADORAS, SU AMISTAD COMENZÓ REALMENTE PORQUE COMPARTÍAN EL MISMO GUSTO MUSICAL. AMBOS AMABAN AL CANTAUTOR BOB DYLAN. STEVE BUSCABA POR TODAS PARTES LAS GRABACIONES DE LOS SHOWS EN VIVO DE DYLAN EN CINTAS DE CARRETE ABIERTO. STEVE FINALMENTE CONOCIÓ A DYLAN EN PERSONA EN 2004. STEVE TAMBIÉN AMABA A LOS BEATLES. ESTABA DETERMINADO A QUE LAS CANCIONES DE LOS BEATLES SE VENDIERAN EN ITUNES. LE TOMÓ AÑOS PARA LLEGAR A UN ACUERDO CON LOS MIEMBROS SOBREVIVIENTES DE LA BANDA Y SUS FAMILIAS. FINALMENTE, EN 2010, LAS CANCIONES DE LOS BEATLES SE HICIERON DISPONIBLES EN ITUNES.

# Capítulo 8
# Increíblemente grande

Apple había vuelto a la cima y también Steve. Seguía siendo el jefe de Pixar. También estaba ayudando a criar a Eve, Erin y Reed. Lisa se había graduado de la Universidad de Harvard. Su esposa, Laurene, había fundado College Track, una organización benéfica que ayudaba a niños de familias pobres a ingresar a la universidad.

Steve tenía muchos planes para el futuro.
Entonces sucedió algo que no pudo controlar. En
2003, un chequeo médico reveló que tenía cáncer
en el páncreas. Sus médicos, así como Laurene y
muchos amigos, le aconsejaron a Steve someterse
a una cirugía de inmediato. Pero como siempre,

Steve quería "pensar diferente". Steve intentó tratar su cáncer cambiando su dieta. Sin embargo, el cáncer aumentó. Así, en julio de 2004, accedió a someterse a una cirugía para sacar el tumor. Le dijo a la gente de Apple que esperaba volver a trabajar en septiembre.

Steve volvió a trabajar. Sin embargo, no tenía buen aspecto. Estaba perdiendo peso y se veía pálido. La gente se preocupó de que el cáncer estuviera creciendo de nuevo. Él no hablaba mucho de estar enfermo. Pero en 2005, dio un discurso en la ceremonia de grados de la Universidad de Stanford. Dijo que tener cáncer le había mostrado que "el tiempo es limitado, así que no pierdan el tiempo viviendo la vida de alguien más... tengan el coraje de seguir su corazón e intuición".

Estas eran palabras en las que Steve Jobs realmente creía y según las cuales vivía. Era posible que no le quedara mucho tiempo. Así que una vez más, Steve comenzó a pensar en cómo

cambiar la forma en que la gente usaba la tecnología.

En 2005, los teléfonos celulares estaban en todas partes. Steve tenía un teléfono celular, pero no le gustaba. No funcionaba ni se veía bien. A ninguno de sus amigos le gustaba sus teléfono celular tampoco. Steve decidió hacer un teléfono del que la gente pudiera enamorarse.

En 2007, en un evento para mostrar los nuevos productos de Apple, Steve mostró a la audiencia el iPhone. El iPhone era mucho más que un teléfono celular. Era una potente computadora personal que cabía en un bolsillo.

El iPhone hizo que todos los otros teléfonos se vieran anticuados. Tenía una pantalla táctil en lugar de botones. Tenía e-mail y también acceso a Internet. El iPhone podía tomar fotos y películas. A pesar de que los primeros iPhones, al igual que las primeras Macs, tenían defectos, la gente no podía esperar a tener uno.

Steve amaba manejar Apple. Pero a principios de 2009, comenzó a tomarse tiempo libre. Steve no admitía que su cáncer había regresado. Aun así, todo el mundo en Apple sabía que esa era la razón de su ausencia. Steve también se puso en contacto con Walter Isaacson, un escritor. Isaacson

escribía biografías. Steve le pidió a Isaacson si podía escribir su biografía. Steve solía ser muy privado. Sin embargo, estaba ofreciendo abrirse por completo sobre su vida personal. Parecía que sabía que no viviría mucho tiempo más. En abril de ese año tuvo un trasplante de hígado. Medio dormido antes de la operación, ¡Steve se quejó de que el equipo médico era feo y mal diseñado!

Unos meses más tarde regresó a trabajar. A pesar de su estado de salud, tenía una nueva sorpresa para el público.

En 2010, Steve dio a conocer la iPad, la computadora tablet de Apple. Era más pequeña, más delgada, más ligera que cualquier otra cosa que se hubiera hecho hasta entonces. Las tablet existían desde hacía aproximadamente veinte años. Pero una vez más, Steve la había hecho nueva y diferente. La iPad era una computadora portátil sin cables. Era mucho más grande que el iPhone, así que era fácil leer libros o navegar por la Web o

ver películas o jugar juegos en ella. Apple vendió 300.000 iPads en un día. En 1997, Apple casi había quedado en bancarrota. En agosto de 2011, se convirtió en la empresa más exitosa del mundo.

Ese mismo mes, Steve dejó de ser el director de Apple. No estaba lo suficientemente bien como para seguir trabajando. Se quedó en casa con Laurene y sus hijos. Muchos de los amigos de

Steve fueron a pasar un tiempo con él, incluyendo
Bill Gates. Los dos hombres hablaron de los viejos
tiempos. Steve dijo que daba gracias a Laurene por
mantenerlo "semi-cuerdo". Bill dijo que su esposa,
Melinda, había hecho lo mismo por él.

Según Mona Simpson, la hermana de Steve, un par de horas antes de su muerte, Steve miró a su hermana Patty, luego a sus hijos, luego a Laurene.

Repitió tres veces: "Oh, wow, oh wow, oh wow".

Esas fueron sus últimas palabras.

Era el 5 de octubre de 2011.

En todo el mundo, la gente lamentó la noticia.
Las tiendas de Apple se cubrieron de cartas y notas
agradeciendo a Steve por todo lo que había hecho.

La gente dejó manzanas mordidas en el suelo como tributo. En California, jóvenes pusieron velas en forma del logo de Apple en la acera.

Todo el mundo sentía que Steve Jobs había cambiado la forma en que vivían. No había inventado la computadora o el *mouse* o el reproductor de MP3. Pero tomó esas cosas y las hizo parte de la vida diaria de todos. Él había hecho exactamente lo que se había propuesto hacer. Había logrado sus sueños.

Una de las primeras personas que habló de su muerte fue su viejo amigo y competidor Bill Gates. Él dijo: "Para aquellos que tuvimos la suerte de trabajar con él, ha sido un honor increíblemente grande".

# CRONOLOGÍA DE LA VIDA DE STEVE JOBS

1955 — Steve Jobs nace el 24 de febrero

1968 — William Hewlett de Hewlett Packard le ofrece
a Steve un trabajo de verano

1972 — Steve comienza a asistir a clases en Reed College en Oregon

1974 — Steve trabaja para Atari

1976 — Steve viaja a la India
Steve Wozniak y Steve Jobs fundan Apple Computer

1978 — Nace su hija Lisa

1981 — El avión donde viajaba Steve Wozniak se estrella

1984 — Se presenta al mundo la computadora Macintosh

1985 — Steve deja Apple

1986 — Steve compra The Graphics Group de LucasFilm,
que más tarde se convierte en Pixar

1991 — Steve se casa con Laurene Powell
Nace Reed Paul Jobs

1993 — Muere el padre adoptivo de Steve

1995 — Pixar estrena *Toy Story*
Nace Erin Siena Jobs

1997 — Steve regresa a Apple

1998 — Nace Eve Jobs

2001 — Steve presenta el iPod

2003 — Steve descubre que tiene cáncer de páncreas

2007 — Apple presenta el iPhone

2011 — Steve Jobs muere el 5 de octubre